NATACHA FÉLIZ FRANCO

PALABRAS PROVOCADAS

NATACHA FÉLIZ FRANCO

PALABRAS PROVOCADAS

Palabras previas
José Enrique Delmonte

HUERGA & FIERRO editores

Diseño de Colección: Huerga y Fierro

Primera edición: 2025

C/Sebastián Herrera, 9
28012 Madrid-España
Telf.: 91 467 63 61
www.huergayfierro.com
huerga@huergayfierro.com

I.S.B.N.: 979-13-990795-3-1
Depósito Legal: M-17995-2025
Impreso en Romadac Industria del Libro
Impreso en España/Printed and made in Spain

Palabras previas

Ciertamente, en la brevedad de este libro hay una dimensión oculta de lecciones infinitas. Se ofrece como una provocación hacia el viaje interior y su conexión con trivialidades que componen episodios indelebles. La crítica a los entornos, a lo fútil, a la indiferencia de los seres que están absortos de los cambios metafísicos y sus señales, la riqueza que envuelven los detalles de lo simple y lo significativo se distribuyen en los textos de Palabras provocadas, *para hacernos despertar y estar atentos a lo esencial de nuestra existencia. Así de simple, la magia de las palabras se convierte en una energía que toca a las conciencias en su afán por prepararnos en el entendimiento de las maravillas de la vida. Con una capacidad ya conocida de trabajar con lo imprescindible, Natacha Féliz Franco vuelve a sorprendernos con la profundidad de sus escritos y su apuesta por un porvenir apoyado en un ideal humano de elevados pensamientos.*

José Enrique Delmonte

A mami y a la memoria de abuela Amalia, por toda la abnegación que brotó en poesía; y a Juan Báez Melo, cómplice de jornadas culturales.

PALABRAS PROVOCADAS

Reflejo

Eres todo lo que
ves
soy tu espejo.

Lupa

Ir sin lupa
el camino
se revela
solo.

Estar

No soporto
esta ciudad
saber que estás
estar sin verte.

Los demás

Sería maravilloso que la vida de los
demás
fuera nuestra propia
vida
todo lo tenemos resuelto.

Eclipse

Hoy
el *Gran eclipse americano*
la Nasa, advierte
no mirar el sol
solo quiero observar tus ojos.

Despertar

Crece la nostalgia
dentro de mi pecho
como la yerba mala
rodeada de maleza
tal cual Bella Durmiente
necesito un beso tuyo.

Anhelo

Sueño
con pisar
El Gallego
de tu mano
Es tan simple
la ecuación:
restas uno
sumas uno
somos dos.

Acertar

Dos millones
de decisiones correctas
y el cielo
te pertenece
Saint Germain
aclara:
el único riesgo
es tomar el riesgo
¿me amas o no?

Destino

El amor sucede,
está predestinado
El verde de sus hojas
brota por la ciudad
Los Conejos de Pascua
llevan la alegría en sus patas
y en el trígono exacto
dos moléculas se encuentran
y explota el amor.

Entrega

Permitir que un hombre bueno
me ame
diluirme entre sus brazos
como azúcar en el río
alcanzar la otra orilla
y caminar sin temor
al filo de las piedras.

Vacío

Cometes pecado
cada vez que te ausentas
Dejas un hueco
que no lo llena
un verso
una lágrima
ni un cometa.

Palabras

Siempre teniendo que elegir
en esta lluvia de palabras
la palabra perfecta
para la emoción perfecta
y sale el tren
con rumbo desconocido.

Colado

Las malas noticias
se cuelan por la mañana
Algunos las comentan
con cada sorbo de café
¿cuál tendrá mejor sabor?

Lux

Jubilosa celebro
la Epifanía
la Estrella de Belén
me guía a tu luz.

"Soy grande"

Crecer
elegir la hora
para ir a dormir
comer helado
o chocolates
justo en la cena
No puedes obviar
el 9 a 5.

Al revés

Mercurio
¡otra vez!
estrenando pasitos
de *moonwalk*
Inevitable:
Jackson cede el escenario
Mercurio
se desliza con aires
de quedarse para siempre,
lanza el guante blanco.

Regreso

Perdiendo las hojas
del otoño
diluyéndome en la tierra
regresando a la Fuente.

¿Me quiere?

Ansiosa
deshojó margaritas
en el último pétalo
brotó una rosa.

Epitafio

Cuando emigre
obviar las flores
las lágrimas sin sal
suficiente cincelar:
nunca se rindió.

Llamas gemelas

Lámparas que comparten
la misma luz
fósforo dividido en dos
Somos lo perfecto ante Dios:
creación indisoluble.

Oportunidad

Traicionar el corazón,
nadar como el salmón
contracorriente
El universo devora las puertas
¿por dónde entrarás?
Espera,
la otra vuelta.

Inexplicable

Conoces a alguien
que no acabas de conocer
tu corazón
se llena de premoniciones
y te sientas asombrada
en una esquina de la vida
a celebrar
o a reponerte
del golpe de Cupido.

Espartana

Sé cómo cerrar la puerta
tragar la llave
caminar sobre las espinas
colocar la bandera
en lo alto
a pesar de los rayos
bostezar,
decir adiós.

Con horario

De 3 a 5
hay amigos
de 8 a 5
también
Hay otros
como ciertos supermercados
abiertos las 24 horas
escasos
escasísimos
Buscarlos con una lupa.

Jugar

Deseos
de abrazar a quien
se siente mi enemigo
decirle
que la dualidad
es un duelo
del que solo salen
vivos
los que se aman.

Relevo

El Zar dejó sus galletas
sus bolsas de té
a la entrada del despacho
Otro Zar
tomó su silla
y trajo
más bolsitas de té
más galletas
y azúcar de dieta.

Allante

Celebrar
el *Día de la Fraternidad Humana*
con un falso vestido
No importa exaltar
la dignidad
defender el trono
en las manos femeninas
si puedes escupir
todo eso
y enmendar en la web
con una felicitación.

Moda

Vi el dobladillo
de la manga
en la pasarela del mundo
Corriendo
los reproduje
como *Gremlins*
En la calle
llenan los vacíos
los abrazos
que deseamos
o creemos merecer.

Encubierto

No vale
prescindir
de las uvas
de fin de año
del mangú con salami
a cambio de un milagro
si no acude
Jesús
Buda
o el arcángel Miguel
lo soluciona
el agente X.

Pesadillas

El Samurai del Sueño
aparca cierta noche
en la almohada
Su ritual
inalterable
conduce
al bajo astral
A veces abro los ojos
esperando su harakiri.

Igualdad

Se armó el despelote
todos desnudos
arrancó la competencia:
quien se vista primero
La ropa amontonada
en el canasto
espera que hombre o mujer
al final se pongan
el vestido correcto.

Juzgar

Las letras continúan cayendo
de la tumba de Sylvia Plath
En el reino de los poetas
ella, Thed y las demás
descifran la telaraña del desamor
Aquí
ciudadanos impedidos
de arrancar
las palabras que sobran
de sus propias vidas
insisten.

Zona horaria

Una *hora loca*
sigue girando
en Santo Domingo
sin domicilio propio
Desde aquel invierno
en que quisimos ser
infructuosamente
como París o Nueva York
ajustando el tiempo.

Pelotón

Imponer la agenda
tarea peligrosa
salta la emoción
se pone delante
como un gendarme
Quiere guiar al pelotón
hacia un patio frondoso
o hacia el abismo
Mis pies se ponen
al revés
cada uno debe llevar
su propio compás.

Mi gato

Lloré la partida de Ton Ton
toda una noche
y el siguiente día
como si tuviera
una vaguada estacionada
en los ojos…

Hurto

A mi madre no le gustó
nada
pero disfruté que alguien tomara
libros de la casa
alguien con el estigma
de obrero
que reclamó
más allá de su pago habitual
un poco de letras
casi inaccesibles
en su mundo.

"Genialidad"

El genio de la lámpara
se mudó al Caribe
encontró un refugio cálido
en República Dominicana
Desde entonces
en la administración pública
se frotan decisiones fantásticas.

Horno

Los pondré a todos
en el horno:
ni ligeramente casado
ni ligeramente divorciado
ni ligeramente ennoviado
Quiero la naranja completa.

Recíproco

Las personas quieren
Ir a la fuente
saciar la sed
Cuando buscas agua
en la hora de extrema sequía
aparecen llaves cerradas.

P'al carajo

El Carajo
qué lugar tan prodigioso
todos ascienden arrogantes
con la angustia del destierro
El sol, el viento, trepa la cara
el horizonte se mueve
dos leguas más adelante
Cumplida la penitencia
el reo desciende
con el *rabito entre las piernas*
solícito
altruista
con la lección aprendida.

Escondite

Salvar mi dignidad
o correr
Busco la falda ancha de la abuela
escondite perfecto
para un chancletazo de la vida
Amalia no está
debí guardar su vestido
qué cara poner
¿cómo me visto, de luto o de flores?

Un lugar

Vine a Niba
la ciudad de los espejos
a buscar mi rostro
Su vetustez me habitó de inmediato
ocupó todas mis habitaciones
exorcizó los armarios
y me mostró sus aguas
inagotables para la sed
Vine a Niba
porque al pronunciar *ábrete sésamo*
fue la única metrópoli que me abrió sus puertas.

Civilizados

A la hora del té
la mujer anunció al marido
viviría en otra ciudad
con su amante
la hijastra quedaría con él
hasta completar la escuela
En Navidad reunidos los cuatro
celebraron felices
los nuevos acontecimientos
y brindaron por Inglaterra.

Memoria

Quiero olvidar al niño que quedó
esperando una puerta abierta
para llegar a mí
Veo su carita con mi sonrisa
sus manitas abiertas tratando
de enlazar mi vida
a la suya
Es un niño que trajiste del recuerdo,
de una historia imposible
quieres componer las palabras
mientras mi corazón se va anegando
de agua.

Acuario

Llevas tu casa atada
a la punta de las estrellas
En tu cántaro caben
todas las emociones
aguas del río manso
aguas ensortijadas
del mar
Poseidón
ahora
duerme tranquilo
en el fondo de la vasija.

Gestión propia

Escaló con un pie
y luego con el otro
siguió trepando
con las manos
con su boca
y todo su jardín
estuvo al servicio de zares
tan generosos
dispuestos al trueque
para llenar los extravíos
de Cupido
Todo un periplo
desde la recepción
hasta el Despacho
para proclamar
vestida de elegante chaqueta
y con el orgullo exacerbado
que todo fue
con el sudor de su frente.

Idóneo

No hay libros perfectos
la impresión se afana
pero,
saca su bandera blanca
una coma
un punto
de más o de menos
una letra que se resistió
a estar sola
y apretujó a su vecina
Las mujeres
Igual
van al quirófano
a borrar
esos corchetes
virgulillas de más
que atrofian su texto
boleto
a veces
directo al Hades
Reto es develar
la belleza de la imperfección
tal como la exhiben
los libros
sin rubor.

Lección

Tendrás esta manchita en el codo
dispuso el Creador
y te alejarás avergonzada
pensando que
tanta imperfección
le hará mal al amor
Notarás que
luego
de su brazo va
una chica
salpicada de manchas
desde el ombligo hasta el cuello
y él se ve tan feliz…
Así aprenderás
el camino del amor propio.

Única cara

a Valeriana Franco

Señalo al chico
pese al gran regaño de mamá
nueve hijos tuvieron los vecinos
Cara Sola era el séptimo
y navegaba como *patito feo*
en el lago de los cisnes
Mi madre desde el más allá
aún grita *calla*
ante mi correcta intuición
No había *ADN* entonces
para comparar la similitud
de *Cara Sola*
con el compadre
que cada mañana
hacia el ritual del café
con la comadre
ni para ratificar
la media semejanza
con sus hermanos.

Virgen de Regla

Acudo a ti
Madre morena
Madre que tutela
discreta
el valle de Baní
Tus manos de rosas
sujetan la tierra
y la atan al cielo
Acudes con prisa
a nuestros reclamos
en la última hora
y la primera hora
Si se detiene mi corazón
insuflas aliento
Si se atascan mis pies
caminas mis pasos
hasta el renacer del sol
Voy a ti siempre
perpetuo refugio
de esperanza, amor
y milagros.

Lord Vader

Me aferro al protocolo celestial
la Luz, tres a dos, dobla el pulso
a la Oscuridad:

Llegan con sus corazones
rosados
y se marchan con obesidad
monetaria
sin bolsillos donde guardar
las utopías
ni memoria de un club
donde forjaron sueños
sobre el hierro
sueños que emigraron
y se empolvaron de cocaína

Lord Vader sonríe…

Otros olvidaron sus pupitres
en la clase de cívica
donde tomaron el Juramento
Duartiano
y hacen leyes en microondas
mientras Lord Vader pasea
su capa por la curul
con las manos llenas de
pepitas de oro

La arena se agota en el reloj
y el Ángel del Señor lo conmina
a la mesa…

El arcángel Miguel
en el otro extremo
no sonríe,
solo muestra su mano
codo clavado en la madera
Lord Vader
mira de reojo
a su viejo amigo
la seducción es su arte
corren gotas calientes sobre
su rostro
Todo está escrito.

Índice

Esta obra
se acabó de imprimir
bajo los auspicios de
Charo Fierro y
Antonio J. Huerga, editores.

FINIS CORONAT OPUS